AF562337

ORAISON FUNÈBRE

DE

Messire JOSEPH PAGÈS,

CURÉ DE SOMMIÈRES,

ANCIEN RELIGIEUX CAPUCIN DIT *PÈRE ANTOINE*,

PRONONCÉE

Dans l'Eglise paroissiale de Saint-Pons de Sommières, le 6 août 1845, à la Cérémonie de ses Funérailles,

PAR

M. L'ABBÉ P. QUET, PRÊTRE.

Dies peregrinationis meæ centum triginta annorum sunt parvi et mali.

Les jours de mon pélérinage sont de cent trente ans, courts et mauvais.

(Jacob à Pharaon, gen., chap. 47, v. 9).

Se Vend au Profit des Pauvres,

QU'IL AIMAIT BEAUCOUP.

NIMES, IMPRIMERIE VEUVE GAUDE.

ORAISON FUNÈBRE

DE

Messire Joseph PAGÈS,

CURÉ DE SOMMIÈRES.

Defuntus adhuc loquitur. (*Hœb.*, . c. *XI*, *v*. *VI*.)
Quoique mort, il se fait encore entendre.

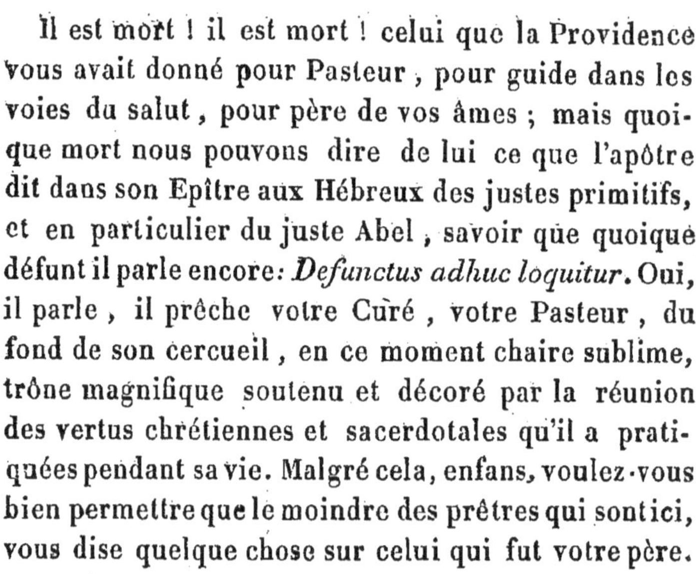

Il est mort ! il est mort ! celui que la Providence vous avait donné pour Pasteur, pour guide dans les voies du salut, pour père de vos âmes ; mais quoique mort nous pouvons dire de lui ce que l'apôtre dit dans son Epître aux Hébreux des justes primitifs, et en particulier du juste Abel, savoir que quoique défunt il parle encore: *Defunctus adhuc loquitur*. Oui, il parle, il prêche votre Curé, votre Pasteur, du fond de son cercueil, en ce moment chaire sublime, trône magnifique soutenu et décoré par la réunion des vertus chrétiennes et sacerdotales qu'il a pratiquées pendant sa vie. Malgré cela, enfans, voulez-vous bien permettre que le moindre des prêtres qui sont ici, vous dise quelque chose sur celui qui fut votre père. Attention, indulgence surtout. Je n'ai eu que quelques heures, de la triste journée de hier et les veilles de cette nuit, pour préparer les paroles qu'une invitation synonyme de contrainte me force d'adresser à cet auditoire solennel. Ne dites pas la douleur rend éloquent. Oui, la douleur peut inspirer un bon mot, une belle phrase, une sentence remarquable, une seule ; mais quand on a à exprimer une foule d'idées, une foule de sentimens au milieu des circonstances les plus turbulentes pour l'esprit, les plus pénibles pour le cœur, oh! il est bien à craindre que l'on ne soit interdit, et qu'au milieu du discours la parole n'expire sur les lèvres. Mon Dieu, mon corps comme mon âme sont fatigués, ayez pitié de moi. Vous avez promis de bénir les enfans qui aimeraient leur père, bénissez-moi donc en ce moment.

Joseph Pagès, votre vénérable curé, naquit au milieu du siècle dernier dans un hameau (1) du diocèse d'Uzès, d'un père et d'une mère solidement chrétiens, qui élevèrent leur fils dans la crainte et dans l'amour de Dieu. L'enfant de bénédiction, comme Salomon, marcha de bonne heure dans les sentiers de la sagesse, mais, plus heureux que le roi d'Israël, il ne devait jamais les abandonner. A peine eut-il atteint l'âge de raison et eut-il été admis

---

(1) Laval-Saint-Roman.

à la première communion, qu'il entendit une voix divine qui lui disait comme à Abraham : Sors de la terre de ta nativité, dis adieu à la chair et au sang, quitte tout, et viens dans le pays que je te montrerai : *Egredere de terrâ tua et de cognatione tua.* (Gen. 12. 1). Je veux que tu sois membre et ornement d'une grande famille, de la famille que m'a créé mon grand serviteur François. Fidèle à la voix du ciel, le nouvel Abraham va là où Dieu l'appelle. Il entre dans l'ordre des Capucins, un des plus humbles, des plus laborieux et des plus utiles qu'ait eu l'Eglise. Les supérieurs de l'Ordre voyant, avec évidence, les dispositions du nouveau religieux soit pour la science, soit pour la vertu, et ne voulant pas que la lumière véritable restât cachée sous le boisseau, le font ordonner prêtre. Par dispense d'âge, accordée à son mérite, il reçoit l'onction sacerdotale, à 23 ans, à Cavaillon, alors ville épiscopale. Peu après son ordination il est nommé successivement professeur de philosophie et de théologie dans diverses maisons de son Ordre, et la plus sublime comme la plus difficile des fonctions, celle qui consiste à distribuer la science aux autres, le père Antoine (car c'est là le nom de religion de votre vénérable curé) s'en acquitte avec distinction et gloire. Après avoir enseigné au dedans, il enseigne au-dehors ; le père Antoine est envoyé avec la bénédiction de ses supérieurs dans les missions de l'Ordre. Je me le représente parcourant, à l'exemple de J. C., tantôt les villes, tantôt les bourgades, prêchant avec logique et onction l'Evangile ou la pure parole de Dieu ; prenant pour copie de ses paroles et de son zèle les Vincent-de-Paul, les

François-Régis, les père Bridaine (1). Dans ses courses apostoliques, combien d'ignorans instruits, combien de pécheurs convertis, combien de justes raffermis par sa prudence, son zèle, sa piété? Sa réputation, comme ministre de la parole sainte, était si bien établie, que le fameux Savines, évêque de Viviers, voulut pendant toute une station quadragésimale l'avoir pour prédicateur dans sa cathédrale. La France et le monde étaient à la veille d'une grande catastrophe. Elle avançait sur un char rapide, la nuit révolutionnaire, cette nuit fatale prédite par le Sauveur, pendant laquelle personne, pas même les hommes de bonne volonté ne peuvent travailler: *Venit nox, quando nemo potest operari* (Jean, 9, 4). Au nom de la tolérance et de la liberté on égorge les prêtres et les rois; les pierres du sanctuaire sont dispersées, les solennités du Dieu de Jacob, conformément au vœu de l'impiété, sont anéanties.

Les pieux habitans des cloîtres, ces anges de la terre qui, à l'instar des anges du ciel, chantent sans cesse les louanges divines et prient pour les mortels qui ne prient pas, seront-ils épargnés? Non, non. Eux aussi seront participans de la tribulation du Seigneur Jésus; eux aussi, bon gré mal gré, seront conviés à la lie et à l'amertume de son calice. Le cloître où habite le père Antoine est envahi par les satellites de l'enfer; ses pieux habitans sont passés au fil de l'épée; leur sang ruisselle entre le vestibule

---

(1) M. Pagès a vu et entendu, dans sa jeunesse, le père Brydaine, car il était né en 1751, et le missionnaire apostolique, ne mourut qu'en 1767.

et l'autel. Deux ou trois seulement échappent par miracle au massacre qui, dans la pensée des cannibales, devait être un holocauste, c'est-à-dire où personne ne devait être épargné : de ce nombre est le père Antoine (1). Moins heureux que Paul qui, c'est lui-même qui nous l'apprend dans ses épitres, se fit descendre doucement dans une corbeille le long du mur, pour éviter la persécution du gouver-verneur de Damas; le père Antoine, sans le secours d'aucun instrument ni de personne, saute, franchit des fenêtres et des toits, dont vous pouvez encore aller mesurer la hauteur et les dangers, à Nimes. Privé d'habit, comme ce jeune homme dont il est parlé au commencement de l'histoire de la Passion, il entre dans la première maison ouverte qu'il rencontre. Heureusement c'est celle d'une sainte femme, d'une Marthe, d'une Véronique, qui couvre sa nudité et favorise son évasion. Où va le père Antoine? Il va, ainsi que plusieurs autres, dans une terre étrangère. Ce n'est pas par pusillanimité qu'il fuit; son âme, comme son corps, est d'une constitution robuste : c'est par prudence, c'est afin de se conserver pour ses frères. Si Moïse, lors de la querelle de l'Egyptien et de l'Hébreu, n'eût pris promptement la fuite, il eût été immolé en pure perte et il n'aurait pu être utile à ses frères comme il le fut, en les délivrant tous de la terre fatale d'Egypte. Ceux qui fuient sont justifiés par l'évangile, qui dit : Quand on vous persécutera en un lieu, secouant la poussière de vos pieds, allez dans un autre. Que les pasteurs qui se

(1) Le frère Charles, qui vit encore, est aussi un fugitif du massacre des capucins.

sont cachés sous terre pour continuer, en secret et au péril de leur vie, l'exercice du saint ministère en faveur de leurs malheureux troupeaux, soient dignes du titre de héros, du titre de martyrs, c'est vrai ; mais gardez-vous de croire pour cela que ceux qui ont fui soient sans mérite et sans gloire devant Dieu et devant les hommes.

Le clergé français, par sa dispersion non-seulement dans la catholique Espagne, dans la dévote Italie, mais encore et surtout dans la mixte Allemagne et dans l'hétérodoxe Angleterre, a fait tomber bien de préjugés, a répandu au loin la bonne odeur du Christ, et a montré à des peuples entiers ce qu'ils n'avaient pas encore vu, le spectacle des plus héroïques vertus. De plus, l'exil a fourni à plusieurs peuples une belle occasion pour exercer l'hospitalité ; l'hospitalité, vertu antique, inconnue dans nos siècles froids et civilisés, vertu que le ciel récompense même dès ce monde. L'Angleterre en est une preuve. Les conversions nombreuses qui s'y opèrent chaque jour, au jugement des véritables observateurs, sont le résultat des bénédictions que Dieu a repandues sur ce peuple, à l'occasion de la généreuse hospitalité qu'il exerça vis-à-vis de nos quarante évêques français qui s'y retirèrent, suivis d'un nombre proportionné de prêtres tant séculiers que réguliers.

Le père Antoine fut du nombre de ceux qui allèrent à l'étranger. Le hasard ou plutôt la Providence conduisit ses pas dans le Valais et le pays des Grisons. Les momens de son exil ne furent pas des momens de stérile oisiveté. Comme un bon religieux et comme un saint prêtre, à qui dans le fond toute terre est patrie, il passait son temps aussi saintement qu'utilement ; il le partageait entre la prière et l'étude. Afin de se rendre plus utile aux peuples chez qui il se trouvait, il étudia avec soin la langue du pays et en peu de temps il fut en état de prêcher. Il faisait ce qu'on appelle dans ces heureuses contrées la Doctrine chrétienne. La Doctrine chrétienne ce sont des catéchismes publics, auxquels tout le monde assiste et auxquels chacun doit s'attendre à être interrogé ; et c'est là la cause de l'instruction que possédent en matière de religion les catholiques de ces contrées ; tandis que dans notre France, généralement parlant, il y a ignorance et bien souvent ignorance crasse en matière de religion.

D'ordinaire après l'orage un arc-en-ciel plus ou moins prononcé paraît à l'horizon. Un concordat, ou traité de paix religieuse, se méditant entre le chef de l'Eglise et le grand soldat qui déjà maîtrisait la France, ébranlait l'Europe et convoitait l'empire universel, notre exilé profita, comme bien d'autres, de ces heureuses circonstances. Il dit adieu aux bons habitans de la Suisse catholique et du nord de l'Italie, et revint dans sa patrie. Ne pouvant plus vivre extérieurement et publiquement sous la règle de saint François, à cause que ni l'impiété ni le despotisme ne voulurent permettre le rétablissement des Ordres religieux, il ne se crut pas pour cela dispensé du travail ni du combat. Il savait premièrement comme dit l'Ecriture que la lettre tue et que c'est l'esprit qui vivifie : *Littera occidit, spiritus vivificat* (2. Corinth. 3. 6) ; qu'il est des cas où il faut faire ceci et ne pas négliger cela : *Oportet hæc facere et illa non omittere.* (Math. 23), et en conséquence, quoique prêtre séculier par l'habit et les dehors, il resta toujours prêtre régulier par l'esprit et les sentimens. Il savait secondement ce que dit l'Apôtre que personne ne sera couronné s'il n'a combattu légitimement, c'est-à-dire dans le camp légitime : *Nemo coronatur nisi legitimè certaverit* (2. Thim. ch. 11, ℣. 5.). Le camp légitime c'est l'Eglise catholique qui, comme dit saint Pierre, est gouvernée par les évêques posés par l'Esprit-Saint: *Posuit episcopos regere ecclesiam Dei* (Act. 20. 28). Son évêque légitime, d'après la nouvelle circonscription des diocèses, c'est le Révérendissime évêque d'Avignon. Celui-ci, François Perier, juste appréciateur du mérite, confie au père Pagès une paroisse importante de son diocèse, la paroisse de la Calmette. Si l'ange qui jadis transporta subitement le prophète Habacuc vers Daniel dans la fosse aux lions, pouvait maintenant faire un miracle semblable et transporter ici tout-à-coup les hommes mûrs et les vieillards de la susdite paroisse (1), ils vous diraient ce que fut pour eux le père Pagès, comment ils l'aimèrent quand ils le connurent, et combien de pleurs et de malédictions ils jetèrent sur le jour où ils le perdirent pour des circonstances qu'il est inutile de rapporter ici (2). Son souvenir n'est pas encore mort dans cette paroisse. Tous ceux qui comptent quelques lustres d'existence, se rappellent de lui. Les hommes aux cheveux gris, ceux surtout aux cheveux blancs répètent son nom à leurs enfans et à leurs neveux. Absent

(1) Il faudrait qu'à ces vieillards leur pasteur fut adjoint, car ce pasteur n'est autre que M. Durand qui pendant trois ans a été à Sommières, le Samuel du vénérable Héli que nous pleurons.

(2) Troubles des cent jours.

de corps il leur est présent par la pensée et le sentiment: *Absens corpore, præsens spiritu.* Mort, il leur parle: *Defunctus adhuc loquitur.* Il est encore vivant, son nom et son souvenir, dans la paroisse d'Issirac où il a exercé assez long-temps les fonctions du saint ministère. Le prêtre qui préside à cette église et qui est un enfant de Sommières, s'il était présent, pourrait vous dire ce qu'a fait, ce qu'a été son vénérable prédécesseur. C'est de cette paroisse d'Issirac que l'évêque de Nimes tira le père Pagès, quand il voulut donner un pasteur à cette église veuve par la mort de M. Clavière. Celui qui en des jours mauvais avait refusé de recevoir l'investiture de cette église d'un pouvoir schismatique, ne crut pas devoir en refuser la direction quand elle lui fut offerte, avec instance, par un évêque non-seulement légitime et ortodoxe, mais encore aussi pieux et aussi vénérable que l'était Monseigneur de Chaffoi. Ce prélat avait une prédilection pour Sommières, qui certainement par son zèle et sa foi *n'est pas la dernière d'entre les tribus de Juda. Mich.* Cette affection a passé à son successeur, et la raison principale pour laquelle ces deux illustres prélats ont toujours montré tant d'intérêt pour la ville de Sommières, c'est qu'ils ont vu en elle une cité en quelque sorte sacerdotale. En effet, quoique presque la moitié de ses habitans n'appartiennent pas à notre foi, Sommières a fourni un contingent nombreux à l'armée lévitique. Une douzaine de prêtres sortis de son enceinte (1) travaillent pour la religion dans le

(1) A la tête de tous est sans contredit M. Boucarut, supérieur du séminaire et vicaire-général du diocèse. Il cache la science et la vertu sous le boisseau de l'humilité.

diocèse de Nimes sous des titres divers et de différentes manières. Or, je le demande, le père de famille peut-il être ingrat vis-à-vis une terre qui donne tant et de si beaux fruits, et qui en promet encore beaucoup pour l'avenir ?

Le nouveau pasteur fut reçu par vous avec le respect et les affections qu'inspire la foi. Vous vîtes en lui l'envoyé de Dieu, l'ambassadeur de J. C, le ministre de l'Eglise. C'était un père, un frère, un ami, un ange gardien qui vous était donné ; un supérieur qui, afin de travailler d'une manière solide à vos intérêts, venait fixer pour toujours sa tente au milieu de vous ; car en arrivant dans cette église, avec un titre d'inamovibilité, il entonna le cantique du Prophète : *Hæc requies mea in sæculum sæculi, hic habitabo quoniam elegi eam* (Ps 130). C'est ici le lieu de mon repos éternel et mon habitation à jamais ; c'est ici que je fermerai mes yeux à la lumière ; c'est ici que je rendrai le dernier soupir ; c'est en cette terre que mes os reposeront. Pénétré de ce double sentiment qu'il était votre père pour toujours, et que vous étiez ses enfans pour jamais, il s'élance vers les choses de son ministère avec ardeur et avec tous les beaux fragmens de forces physiques et morales qu'il avait encore. A l'autel, il priait pour son peuple, de cette chaire il l'instruisait, au saint Tribunal il absolvait les pécheurs et dirigeait les justes dans les voies de la perfection. Exact observateur des saintes lois de la résidence, comme la sentinelle d'Israël, il ne quittait jamais son poste. En possession des vertus de sa première vocation, il était humble, simple et modeste dans sa personne, dans son ameublement, dans ses manières, dans ses discours. Il était d'un facile accès à tout le monde. Il était plein de respect pour la dignité épiscopale. Il regardait son évêque comme le représentant de J. C., et il était beau de voir le pasteur particulier de cette église, presque nonagénaire, aveugle et tremblant, se mettre à genoux devant le jeune évêque de trente-neuf ans qui au lieu de bénir, comme il y était forcé par sa position hiérarchique, bien plutôt eût désiré courber sa tête dépourvue de mître sous les bénédictions d'un tel vétéran du sacerdoce et eût préféré, dans cette scène, figurer Siméon plutôt que Jésus enfant (1). Il aimait beaucoup ses confrères, les prêtres du Seigneur. Son amitié ne connaissait ni limites de canton ni de département. Prêtres de l'insigne diocèse de Montpellier, votre présence à cette triste cérémonie prouve et confirme ce que je dis sur la bonté du cœur de ce vieillard sacerdotal. Il répandait, avec joie, dans le sein des pauvres, toutes les aumônes qu'il pouvait recueillir ou prélever sur ses modestes revenus. Il savait, comme dit David, que c'est au prêtre qu'a été laissé le soin du pauvre, de la veuve et de l'orphelin : *Tibi derelictus est pauper, orphano tu eris adjutor* (Ps. 9). Il nous disait que le plus grand et même l'unique inconvénient résultant de la pauvreté du clergé, c'était qu'il ne pouvait pas faire les bonnes œuvres convenables, ni soulager toutes les misères dont bien souvent il était seul témoin. Il nous faisait observer

---

(1) *Nunc dimittis servum tuum, etc.* Ce fut le texte du compliment que le vénérable curé fit à son évêque lors de sa première visite, le 7 décembre 1838. L'application était aussi pieuse qu'ingénieuse.

la différence qu'il y a entre l'aumône légale inventée par la froide philosophie, et l'aumône religieuse donnée ou dirigée en secret par une main sacerdotale.

Bref, il n'est pas nécessaire que je vous dise davantage ce qu'a été ou ce qu'a fait parmi vous votre vénérable curé. Vous le savez aussi bien et mieux que moi. D'ailleurs il aimait si peu les louanges et les éloges, même les mieux mérités, que s'il pouvait il m'interdirait la parole et me défendrait en toute façon de faire son panégyrique. Mais malgré lui ses œuvres le suivront et le loueront: *Opera illorum sequuntur illos* (Apoc. 14, 13). On se rappellera longtemps et à jamais du juste : *In memoriâ æternâ erit justus* (Ps. 3, 7). Mort, il parlera, il prophétisera, et ses os et sa tombe contribueront aux merveilles : *Mortuum prophetavit corpus ejus et in morte mirabilia operatus est* (Eccl. 48, 14). Et si quand vous viendrez dans ce temple adorer l'Eternel, dans ce temple qu'il n'a pas eu le bonheur de voir restaurer (1), vous n'entendez pas sa voix, vous vous transporterez dans le champ de la mort; la première tombe que vous foulerez aux pieds (2), sera celle de celui qui fut votre pasteur et votre père, et faisant silence vous écouterez, des oreilles de l'âme, le langage sublime qui s'en échappera. C'est ici, vous sera-t-il dit, que repose un véritable disciple de Jésus-Christ qui, à l'exemple de son maître

---

(1) L'église de Sommières menace ruine.

(2) M. le curé a recommandé expressément et de vive voix, et par testament, à M.me Clotilde Angery, sa nièce et son héritière, de le faire inhumer à la porte du cimetière. Les désirs de son humilité ont été satisfaits. Qu'il y repose en paix.

a voulu être foulé aux pieds comme un ver de terre et être à jamais le rebut et l'opprobre des hommes : *Ego sum vermis et non homo; opprobrium hominum et abjectio plebis* (Ps. 21). C'est ici que gît le plus humble des fils de François qui, non content d'être le *mineur* ou le moindre (1) parmi ses frères, a voulu être le dernier : *Eccè familia mea infima est in Manasse, et ego minimus in domo patris mei* (Jud. 6. 15). Il a pris la dernière place sur la terre, son trône n'en sera que plus solide et plus élevé dans les cieux. Le Roi de gloire passant bientôt devant lui, et le voyant à la place dont son humilité a fait choix, lui dira, le sourire sur les lèvres : Mon ami, montez plus haut : *Amice ascende superiùs* (Luc, 14, 10).

Et le Seigneur ne semble-t-il pas avoir voulu récompenser dès ici-bas les vertus de son serviteur en lui accordant une longue mesure de jours temporels, belle image, belle figure de la bienheureuse série de jours qu'il lui réservait dans l'éternité? Quoiqu'il soit vrai de dire que ce n'est pas la longue vie qui fait le mérite de l'homme, mais la bonne vie, il n'est pas moins vrai de dire que quand Dieu prolonge la vie du juste sur la terre, c'est jugement de miséricorde, tandis qu'une égale prolongation à l'égard de l'impie ou du pécheur, c'est indice de colère. C'est dans sa miséricorde et non dans sa justice que

---

(1) Saint François d'Assise voulut que ses religieux fussent appelés *frères mineurs* qui signifie moindre, par opposition aux *frères prêcheurs* établis par saint Dominique. Les Saints quelquefois ont des disputes entre eux, mais non pas pour la première place.

le Seigneur a laissé long-temps sur la terre votre vénérable curé. Il a voulu que ce ministre fidèle édifiât longtemps son Église; il a voulu lui fournir l'occasion d'amasser de nombreux mérites pour la gloire. Il l'a rendu admirable en plusieurs points : admirable dans la durée de sa vie qui a été de quatre-vingt-quinze ans; encore quelques années, et jeunes arbustes de la forêt, nous nous fussions trouvés sous l'ombre d'un chêne séculaire : admirable par les périls qu'il a courus, mais auxquels, par une providence manifeste, il a toujours échappé : admirable par la jouissance qu'il a eue jusqu'à la fin de ses facultés morales, des facultés de l'âme, qui sont les plus précieuses : admirable jusque dans sa constitution physique, ayant toujours joui de la santé et n'ayant à peu près jamais éprouvé de maladies proprement dites. A la fin de ses jours seulement certaines infirmités comme naturelles et inévitables fondirent sur lui. La principale, celle qui est la plus incommode, mais aussi qui est la plus respectable en quelque sorte, et la plus méritoire quand on la supporte avec la philosophie de la foi, c'est la cécité, ou la privation de la vue. Ses yeux, comme ceux d'Isaac s'affaiblirent, et il ne put voir la lumière du ciel : *Caligaverunt oculi ejus et videre non poterat* (Gen. 27. 1).

Il supporta cette épreuve avec la patience d'un Job, la résignation d'un Tobie. Nous lui disions en riant que la plupart des grands hommes étaient morts ou avaient été aveugles (1), il souriait et s'en-

(1) Isaac, le Grand Prêtre Héli, Tobie, Homère, Milton, Delille, Bélisaire, etc.

fonçait ensuite dans de sérieuses méditations que ne venait troubler la vue d'aucun objet extérieur. Ne pouvant percevoir par le sens de la vue, il aimait à percevoir par l'ouie, et bénissait ceux qui lui faisaient des lectures édifiantes. Il récitait chaque jour diverses prières vocales qui étaient encore en dépôt dans sa mémoire fidèle, ainsi que le chapelet bréviaire des ignorans, qui convient également aux savans. Pendant sa vie, il avait eu trois principaux objets de dévotion : la divine Eucharistie, la Mère de Dieu, les âmes du purgatoire. En compensation, à la fin, quoique aveugle il lui fut permis de monter à l'autel, et il disait la messe votive du Saint-Sacrement, ou de la divine Marie, ou des fidèles défunts. Vous le rencontriez souvent dans les rues de la cité, marchant à pas lents, appuyé sur un bâton plus ou moins tremblant comme sa main. Quand il passait, vous saluiez son caractère, son âge et ses vertus. A cause du voile opaque de ses yeux, vous étiez toujours prêts à lui indiquer la voie et à enlever, de devant son passage, ce qui aurait pu être pour lui pierre d'achoppement; car, catholiques ou non, vous savez tous que, si d'après l'Ecriture, c'est une bonne œuvre d'indiquer la route à l'étranger, à plus forte raison au voyageur aveugle.

Quand il ne peut plus aller, il rentre dans sa demeure, il monte sur un lit, qui bientôt sera changé en sa couche funèbre, il se confesse plus coupable qu'il n'est, il reçoit la dernière des onctions (1), celle

---

(1) Le chrétien pendant sa vie reçoit trois onctions diffé-

des infirmes ou des malades et prend le corps du Seigneur en Viatique (1) de l'éternité ; de cette grande éternité, dans laquelle il s'enfonce peu à peu, insensiblement, à peu près comme le soleil à la fin des grands jours de l'été, après avoir stationné long-temps sur l'horizon et avoir projeté un très-long crépuscule, s'enfonce et disparaît peu à peu sous la vaste étendue d'un autre hémisphère où il ne peut plus être aperçu. Le prêtre, d'après l'Evangile, est comme l'astre du jour, chargé de distribuer la lumière et des feux (Math. 5. 14. Luc 12. 49.). Terre de Sommières, ton soleil va s'éteindre. Dès samedi dernier, fête de Notre-Dame-des-Anges, fête qui réjouit toute la génération franciscaine, l'Eglise militante, par la bouche de son ministre, lui porte l'antienne du départ : *Proficiscere anima christiana de hoc mundo* : Ame chrétienne, quitte la prison de ton corps, sors de ce monde. Non, non, elle ne part pas encore, un sursis de quarante-huit heures lui est ordonné par les cieux. Jésus-Christ, Dominique et François tiennent à honneur de protéger ce chrétien, ce prêtre en son dernier moment ; ils se réunissent, ils délibèrent : chaque membre du triumvirat a demandé et obtenu

---

rentes : la première dans le baptême comme enfant de Dieu; la seconde dans la confirmation comme soldat ; la troisième à la fin de la vie, dans la dernière maladie, comme voyageur vers l'éternité. Les prêtres et les rois (ceux par la grace du peuple exceptés) en reçoivent une quatrième au jour de leur ordination ou de leur sacre.

(1) Viatique signifie provision de voyage.

une faveur réelle : le chérubin Dominique veut qu'il meure au jour de sa fête, le Sauveur Jésus-Christ qu'il expire comme lui à l'heure Sainte, à l'heure sacramentelle de la Rédemption (1) et le séraphin François que son enfant soit béni, indulgentié, au moment suprême, par un ministre de J. C., membre de sa famille. Ce que je narre, chrétiens, est-il vrai ou faux, historique ou fictif ? N'est-ce pas avant-hier que ce vieillard sacerdotal, qui a présidé si longtemps à cette Eglise, a rendu le dernier soupir, à l'heure de none, à l'heure où le fils de Dieu expira, et ayant au chevet de son lit, non par l'effet du hasard, mais par un calcul providentiel, un prêtre son confrère (2) et par le sacerdoce et par l'émission des mêmes vœux dans une religion austère. Quand le bruit du tonnerre se fait entendre fort et terrible au milieu d'un orage même prévu, on éprouve malgré soi une commotion plus ou moins forte en l'âme et dans le corps : ainsi, chrétiens, quand l'airain sacré de cette église, se balançant tristement au milieu des airs, pleura la mort de ce pasteur et munit toute la cité de l'authentique de ce trépas, votre âme tout-à-coup éprouva des sentimens d'une tristesse profonde,

---

(1) Saint Dominique et Saint François furent contemporains et amis intimes. Ils combatirent tous deux pour le même maître, quoique chacun dans un camp différent. Leurs enfans ont toujours vécu dans la plus grande union.

(2) Le père Thomas, prêtre espagnol, de l'ordre des Capucins. Monseigneur en le nommant vicaire de Sommières a eu intention de récompenser son mérite, et de lui adoucir l'amertume de l'exil.

de douleur religieuse, de piété filiale et une foule d'autres plus faciles à être éprouvés qu'à être narrés. La cloche funèbre semblait vous tracer vos devoirs vis-à-vis ce mort illustre, et vous disait à sa manière ce que dit l'Écriture : *Mon fils, pleure ce mort, comme un homme qui a été frappé d'une grande plaie ; enseveli son corps suivant l'usage, ne néglige rien pour sa sépulture et fais lui un deuil proportionné à son mérite : Fili in mortuum produc lacrymas.... et fac luctum secundùm meritum ejus* (Eccl. 38. 16.). Chrétiens, quoique peut-être vous n'ayez jamais lu l'Écriture que je cite, vous ne vous êtes pas moins rendus en foule auprès de ce cercueil, poussés par l'instinct de la reconnaissance naturelle et religieuse. Faites ce que vous avez à faire : pour le corps, des honneurs, si vous le voulez, qui puissent être aperçus par les sens, comme des pleurs, des éloges, de l'encens, du luminaire, des représentations funèbres ; mais pour l'âme, des vœux, des souhaits, des prières, des oraisons émises en état de graces. Quand un ami nous quitte, nous lui souhaitons bon voyage, nous le recommandons à Dieu. L'Église n'a-t-elle pas établi des prières pour les voyageurs ? Celui qui était votre père, celui qui était votre ami, vient de passer aux régions de l'éternité. Ah ! souhaitez-lui bon voyage, et recommandez-le à Dieu et à toutes les saintes créatures de Dieu.

Divine Marie, mère des Chrétiens, reine du clergé, priez pour lui. Chaste Joseph, vous qui êtes le patron de la bonne mort, à cause qu'il vous fut donné d'expirer entre les bras de Jésus et de Marie, priez pour celui qui porta si long-temps et si fidèlement votre nom qui lui avait été imposé au jour de sa régénération spirituelle (1). Saint Antoine, dont il revêtit le nom au même moment où entrant en religion il se revêtit du riche habit de la pauvreté du Christ, priez pour lui. Saint François-d'Assise, auteur, père, patriarche (2) de toute la génération franciscaine, priez pour votre enfant; il ne vous a pas fait déshonneur: d'après la foi vous ne pouvez le déshériter de votre protection au moment où il en a le plus besoin. Saint Dominique, tige de l'illustre famille dominicaine, Chérubin ami du Séraphin, puisque c'est au jour de votre fête que ce mort a rendu son âme à Dieu, vous avez dû favoriser son passage. Bienheureux martyr, patron de cette église, intercédez avec votre sang pour celui qui a régi si long-temps et si bien le peuple qui est votre peuple.

Et vous tous, Chrétiens, priez pour ce mort vénérable; car il est écrit que c'est une sainte et salutaire pensée de prier pour les morts afin qu'ils soient délivrés de leurs péchés: *Sancta et salubris est cogitatio pro defunctis exorare ut a peccatis solvantur* (Mach. 12. 46) (3). Il est encore écrit au commence-

---

(1) Joseph Pagès entra dans le sein de l'Église par le baptême le même jour qu'il sortit du sein de la femme sa mère, le 17 juillet 1751. Il pouvait dire comme le Prophète: *Suscepisti me de utero matris meæ.*

(2) Les trois principaux rameaux de l'arbre planté par saint François dans la vigne du Seigneur sont les Cordeliers, les Capucins et les Récolets.

(3) L'astuce de l'hérérie est à craindre: son génie, nullement, car elle n'en a point. Cependant elle est parfois *ingénieuse.* En voici une preuve. Embarassée dans les explications à donner relativement au texte du second livre des Ma-

ment du Décalogue : Honore ton père et ta mère : *Honora patrem tuum et matrem tuam*. Les prêtres, ceux surtout qui nous ont été donnés pour pasteurs, sont des pères spirituels : bien plus, ce sont là les mères, les mères véritables de nos âmes ; il faut donc, par reconnaissance et même par justice, prier pour eux à la vie, à la mort, et d'autant plus à la mort que nul, après le trépas, ne peut se soulager lui-même, tandis qu'il peut être aidé et soulagé par les prières de ses frères encore vivans et les suffrages de la sainte Église.

Votre vénérable Curé défunt, après vous avoir parlé, prêché du fond de son cercueil pour vous même, afin de vous instruire et édifier, vous parle, vous prêche pour lui-même en sa faveur. Il implore votre secours, votre assistance. Il ne vous demande ni or, ni argent, ni pierres précieuses, ni vêtement, ni nourriture, ni aucune de ces choses qu'à l'exemple du grand apôtre il peut bien dire qu'il n'a convoité sur personne, puisque, au contraire, son plus grand bonheur, aux jours de son pèlerinage, était de les distribuer aux nécessiteux autant qu'il le pouvait ; il vous demande seulement un souvenir spirituel, une pieuse commémoraison de lui en la présence du Seigneur. A vous tous qui avez été les brebis de son troupeau, les membres de sa famille, les enfans de sa paternité, il semble dire ce que le saint Arabe,

---

chabées qui établit d'une manière formelle le dogme ou la pratique de la prière pour les morts, l'hérésie rejette ce livre comme non inspiré. C'est plutôt fait. Couper le nœud gordien, ce n'est pas le dénouer, mettre le feu au temple de Delphes ce n'est pas une merveille.

séant sur son fumier, disait à ceux qui un jour vinrent le voir : Ayez pitié de moi, ayez pitié de moi, vous au moins, mes amis, car voilà que la main du Seigneur, que nul ne peut éviter, s'est appesantie sur mon être ! *Miseremini mei, miseremini mei, saltem vos amici mei quià manus domini tetigit me.*

C'est plus particulièrement à vous, prêtres du Seigneur, que celui qui fut votre doyen d'âge, de science et de vertu, demande avec supplication l'aumône spirituelle de la prière ; à vous qui étiez ses confrères bien-aimés, avec qui il n'avait qu'un cœur et qu'une âme par la charité. Quand vous abordiez dans son presbytère, toujours vous étiez les bien-venus ; toujours il y avait une place pour vous dans sa maison, parce que vous en aviez une dans son cœur ; et l'hospitalité qu'il vous forçait de recevoir était aussi affectueuse et cordiale que celle que le père des croyans exerçait, sans le savoir, vis-à-vis les anges de Dieu. Je parle ici savamment, car plus souvent qu'un autre j'entrais chez ce bon David, dont l'âme presque séculaire n'avait pas refusé de se coller à celle d'un jeune Jonathas tel que moi, sans talens, sans vertus : *Anima Jonathæ conglutinata est animæ David.* (1. Reg. 18). En retour je l'aimais : *Et dilexit eum Jonathas quasi animam suam.* Je lui donnais le nom de père, il me renvoyait celui de Fils : *Erat mihi in patrem et ipse in Filium* (Hœb. 1. 5). Il me bénissait précisement parce que j'étais pécheur : *Benedic mihi, pater, quia peccavi* (1). A

(1) Formule que le pénitent récite avant de commencer l'aveu de ses fautes. La religion du *philantrope* Jésus est toute miséricorde même au tribunal de ses justices.

certaines époques de l'année, environné de tous les prêtres compris sous l'horizon de sa dignité, c'était d'ordinaire d'une troupe de douze dont il était le président. Il ne ressemblait pas mal alors au vieux Israël cerné de ses douze fils, qui eux aussi furent patriarches, ou à Jésus Christ lui-même, son chef et son sauveur, environné de ses disciples qu'il instruisait. Et comme si même après sa mort il eût tenu à honneur de présider le même nombre, un mystérieux hasard a permis que ce nombre sacré se trouvât intégralement autour de son cercueil (1). Oui, pieux confrères, qui environnez ce mort vénérable dans l'attitude du respect et de la douleur, vous composez au juste le nombre susdit. Ce n'est pas maintenant que je vous compte, mes yeux sont trop obscurcis par les pleurs ; je ne vous aperçois que d'une manière confuse et comme à travers un nuage; mais j'ai jeté une intuition sur vous immédiatement avant de monter, faible et tremblant, en cette chaire d'oraison funèbre d'où il faut se hâter de descendre, parce que ni la chaire, ni le discours ne sont rien pour les morts : l'autel, la prière sont tout. Ministres sacrés, remontez donc vîte à l'autel où ce mort *a fait si souvent les encensemens du Seigneur* et offrez pour lui le sacrifice qui est propitiatoire pour les

---

(1) Voici douze noms qui seront bénis, car c'est une bonne œuvre que d'ensevelir les morts : Veirun, curé d'Aujargues; Bataille, curé d'Aubais ; Thomas et Méjean du clergé de Sommières ; Quet, curé de Souvignargues ; Valentin, curé de Fontanès ; Angelier, curé de Salinelle ; Achard, curé de Combas ; Carle, curé de Carnas ; Morlan, Maillé et Puech venus de la terre au delà du fleuve.

morts comme pour les vivans. Que son âme, si elle est encore dans les flammes purgatrices, obtienne au plus tôt *le lieu du raffraîchissement, de la lumière et de la paix;* qu'elle soit promptement introduite dans le sein d'Abraham; que les Anges, les mêmes qui l'assistaient à l'autel, la prenant sur leurs aîles d'amour, la transportent dans le paradis: *Id paradisum deducant te angeli* (1). Tous les amis de cette âme, le séraphique François surtout, étant en relation particulière avec le chérubin qui garde l'entrée du jardin des délices, a obtenu en sa faveur, qu'au moment de son passage, l'épée flamboyante fût cachée dans son fourreau.

Et vous ô Jésus-Christ, juge des hommes mais aussi sauveur du monde, daignez exaucer les prières que nous vous adressons, d'un commun accord et du fond de nos âmes, pour votre ministre qui a quitté la terre: *O Christe, Salvator mundi, exaudi preces nostras;* ou mieux encore exaucez le cri plaintif et pieux qu'il vous fait entendre lui-même, comme l'aveugle de Jéricho avec lequel il a eu plusieurs traits de ressemblance, car lui aussi a été *un mendiant sur la voie publique: Jesu Filii David miserere mei* (Luc. 18. 38). Roi immortel des siècles, roi bon, roi clément, faites pénétrer ce serviteur fidèle bien avant dans les joies de votre gloire. Pontife suprême

---

(1) Lithurgie romaine seule en usage dans l'ordre de saint François. Quand est-ce que l'Eglise répandue sur toute la terre sera *labii unius*, et qu'elle chantera le sanctus du temps comme celui de l'éternité *unâ voce*. L'évêque de Gap vient de donner un bel exemple aux diocèses *lithurgiquement* schismatiques.

qui convoitez, dans les hauteurs des cieux, la louange de tous vos saints (Ps. 88. 8), mais en particulier de ceux à qui vous avez concédé dès le temps les investitures de votre sacerdoce éternel, puisque ce dispensateur de vos mystères a toujours été trouvé fidèle, puisque jamais il ne vous a fait repentir de son élection, qu'il entre non pas seulement dans la nef de votre grand temple, mais dans le sanctuaire intime, dans le Saint des Saints : *In Sancta Sanctorum*. Qu'il prenne place, divin agneau près de *votre autel sublime* en qualité de prêtre du Très-Haut ; il l'était, en effet : *Erat enim Sacerdos Dei altissimi* (Gen. 14. 18), et qu'il soit salué en entrant principalement comme véritable prêtre du rit orthodoxe de l'immortel Melchisedech : *Tu es Sacerdos in æternum, secundùm ordinem Melchisedech*. Je dis principalement, car votre ministre, Seigneur, semblable à Adam innocent, qui pouvait se promener dans toute l'étendue du jardin des délices, a droit, ce nous semble, d'aller, dans le ciel, partout où il voudra. Il a droit d'entrée et de séance parmi les patriarches auxquels il a assez bien ressemblé par sa longue vie et ses nombreuses vertus. Parmi les martyrs : si comme Isaac, ou Jean l'évangéliste, il a échappé à la mort, ce n'a été que par miracle. Parmi les confesseurs : n'a-t-il pas été long-temps pélerin pour la bonne cause ? n'a-t-il pas supporté l'exil et *chanté vos cantiques dans une terre étrangère ?* (Ps. 136. 5). Parmi les docteurs : il a enseigné à un grand nombre vos voies dans la prédication de la justice et de la vérité ; en récompense il doit être attaché à la voûte des cieux pour y briller comme un astre pendant les perpétuelles éternités (Dan.

12. 3). Parmi les vierges : quel est l'enfant du monde, pour si malin qu'il soit, qui puisse, en cette matière, intenter une accusation contre cet homme, l'homme de Dieu, l'homme du sanctuaire : *Quam accusationem affertis adversùs hominem hunc?* (Joan. 18. 29). La lampe, qu'il vous a préparée, ô J. C., lumière véritable, soleil universel, a toujours été garnie de l'huile superfine prescrite par la loi : *Dabunt filii Israel oleum de olivis purissimum* (Lev. 24. 2). Son œil a été simple, ses lèvres sans souillure, ses mains innocentes, il les lavait tous les jours dans l'eau du sacrifice ; ses pieds n'ont pas pris la poussière du monde ; son calice s'est trouvé d'un or pur, trois fois contrôlé ; son surplis plus blanc que la neige, et l'aube à son usage dans les sacrés mystères toujours immaculée. Encore une fois donc, ô Jésus-Christ, souverain prêtre (pardon si je vous fatigue), introduisez votre prêtre dans le royaume du Père, de ce Père saint qui vous a donné tout pouvoir au ciel et sur la terre, et qui tient pour bien fait tout ce que vous faites. Qu'il y pénètre, s'il n'y est pas encore, dès aujourd'hui, dès ce moment. Ce jour est remarquable, c'est le troisième jour que ce mort illustre a remis son âme entre vos mains, c'est également au troisième jour que, suivant les Ecritures, vous passâtes de la mort à la vie. Nous ne vous demandons pas de ressusciter notre père, de rejoindre son âme à son corps. Il est bon qu'il se dissolve, comme celui de tous les autres enfans d'Adam, pour être un jour reconstruit à neuf; nous vous demandons que son âme seulement retourne au Dieu son créateur ; qu'elle voie sa face auguste et qu'elle ne reste pas plus dans

la prison des flammes que ce que le corps de votre sainte humanité n'est resté dans le sépulcre nouveau. L'espoir, si non dogmatique, du moins sentimental d'être exaucé, peut seul adoucir l'amertume de la lithurgie de deuil qu'en ce moment nous célébrons à l'inverse de nos autres frères, membres comme nous de la sainte Eglise. Ceux-ci, en effet, se réjouissent dans le souvenir de votre transfiguration sur une haute montagne de Palestine. Ce thabor matériel, commémoré dans l'Evangile, était de peu de valeur : la preuve c'est que vous l'avez abandonné aux infidèles et avez permis sa profanation. Son unique valeur, c'est qu'il était la figure du thabor véritable des cieux, sur les hauteurs illuminées duquel nous vous prions de conduire, pour jamais, votre serviteur et ministre défunt, qui nous a fait voir, pendant les jours de son apostolat, et la foi d'un Pierre et le zèle d'un Jacques et la simplicité du disciple de la dilection.

Et quand une fois, ô pasteur mort par le corps mais toujours vivant par l'âme, vous serez arrivé au sommet de la montagne où siège la vision béatifique, vous n'oublierez pas ceux qui sur la terre et dès le temps ont été vos enfans, vos amis. Non, vous ne les laisserez pas orphelins : *Non relinquam vos orphanos* (Joa. 14. 18). Ni la durée du temps, ni l'espace des lieux ne peuvent rien contre les affections des grandes âmes.

Quand vous serez dans le royaume (1) vous vous

(1) *Memento mei, domine, cùm veneris in regnum tuum* (Luc. 23, 42).

souviendrez en particulier d'un Joseph que vous avez engendré dans votre vieillesse (Gén. 37. 3), avec lequel plus d'une fois vous avez médité en silence des mystères identiques, et que vous avez aimé surtout d'un amour de compassion, à cause qu'il mangeait son pain dans une terre plus ou moins égyptienne, et qu'il ne buvait qu'avec mesure l'eau de la consolation. Aujourd'hui, chantre de vos funérailles ou plutôt de votre gloire, il ira la propageant au loin et au large, sans craindre ni le blâme de Dieu ni celui des mortels. Lui ordonneriez-vous de se taire, par amour pour la vérité et pour la reconnaissance, il n'en crierait que plus fort et vous répondrait comme les Apôtres : *Non possumus quæ vidimus et audivimus non loqui* (Act. 4. 20). Nous ne pouvons pas ne pas dire ce qu'il nous a été donné de voir de nos propres yeux et d'entendre de nos propres oreilles. D'ailleurs, n'est-il pas écrit qu'il est bon de raconter les œuvres du Très-Haut, de divulguer ses merveilles? Comme aussi qu'il faut louer les hommes glorieux, surtout quand ils ne sont autres que nos pères : *Laudemus viros gloriosos, et parentes nostros* (Eccl. 44. 1). Nous dirons donc vos œuvres et vos vertus à tous ceux qui voudront les entendre. Nous marcherons *à l'odeur de vos parfums*, et ce ne sera pas notre faute si une mémoire aussi bonne, aussi suave, aussi odoriférante que la vôtre ne va pas jusqu'à la dernière génération. Avant de rendre le dernier soupir, nous confesserons aux Confrères, qui seront autour de notre couche funèbre, qu'un des bonheurs de notre vie a été d'avoir connu dans notre jeunesse sacerdotale un vieux Prêtre du Seigneur, habile en toutes choses et d'un signalement admirable. « Il avait plusieurs noms : il s'appelait JOSEPH, il s'appelait ANTOINE, il s'appelait PAGÈS. Il fut Pasteur, il fut Père, il devint Vénérable, et fut créé Voyant en Israël. Il prophétisa en des temps difficiles, avant comme après la transmigration : il évangélisa diverses terres, forma plusieurs élus, donna grandement gloire à Dieu. Il sécha beaucoup de larmes, réchauffa bien des membres glacés, rassasia du pain de son aumône les pauvres de Sion : *Pauperes Sion saturavit panibus* (Ps. 131, 15). Il obtint un double patriarchat, celui des années, celui des vertus. Après l'avoir long-temps géré, son âme, comme celle du prophète, fatiguée demanda de mourir. Il prenait pour prétexte qu'il n'était pas meilleur que ses pères. Il les avait cependant dépassés, *les préparations de son cœur furent exaucées*. Au jour et à l'heure fixée dans le devis des cieux, il remit doucement son esprit, qui n'avait jamais vieilli, entre les mains du Dieu son créateur. Les prêtres, ses amis, et les pauvres, ses enfans, suivis de toute la cité émue, portèrent avec religion sa dépouille mortelle dans le dortoir des morts, l'y déposèrent à l'entrée. Dans le même temps, les Anges portèrent son âme dans les Cieux où Jésus-Christ la reçut et la transfigura. »

Ainsi, parlerons-nous de vous, ô notre Père, ô notre Père, qui nous quittez : *Pater mi, Pater mi!* (4. Reg. 2. 12), à ceux que la Providence nous donnera pour infirmiers de nos dernières douleurs. Nous aurons le sentiment de dire vrai, de dire bien; car plus d'une fois pendant les jours que nous pouvons avoir encore à passer ici-bas, nous aurons reçu des graces célestes par votre intermédiaire de juste, de glorifié. Et, dès-maintenant, puisque c'est le moment du départ, obtenez-nous ou plutôt donnez-nous vous même, laissez-nous, en magnifique héritage, en utile souvenir, non quoi que ce soit de terrestre et de matériel qui vous ait appartenu, mais bien plutôt, vénérable Élie, votre esprit double : *Obsecro ut fit in me duplex spiritus tuus*. (*Ibid*. 9); cet esprit d'humilité et de pauvreté que vous teniez de votre saint père et patriarche François, qui lui-même l'avait reçu immédiatement de Jésus. Ce double esprit nous est nécessaire pour confondre l'orgueil du monde au milieu duquel nous vivons, et pour réfuter le culte idolatrique qu'il décerne avec tant de fanatisme à l'or et à l'argent. Obtenez-nous encore l'esprit ou plutôt l'amour et l'amour passionné pour la vertu des Anges, qui fait toute la force et la beauté du Prêtre de la loi nouvelle; que ce monde malin et corrompu ne trouve rien à formuler, sinon des calomnies, contre la solitude de notre célibat, dans laquelle on nous verra toujours chastement enfoncés. Ce n'est pas tout, puisque, comme l'Apôtre, *nous ignorons l'avenir* (Act. 20. 22), et que peut-être pour nous aussi le Seigneur a mis en réserve des fers et des tribulations ; puisque déjà certains bruits, certains craquemens donnent bien à penser ; puisque les enfans d'Ignace, dit-on, vont être dispersés, et que, semblables aux disciples primitifs, ils ne pourront aller que deux à deux, à travers les bourgades de la Judée, livrer des combats particuliers à l'impiété qui redoute les attaques générales. Demandez pour nous au Ciel, que, s'il veut nous éprouver comme vous, il nous gratifie de deux vertus indispensables : la prudence et le courage ; de la prudence, afin de bien diriger, pendant la tempête, la manœuvre du vaisseau dont nous sommes les pilotes ; du courage, afin qu'en cas de besoin ni le pain amer de l'exil, ni l'eau bourbeuse du torrent ne nous fassent pas peur. Obtenez enfin pour cette église, actuellement veuve, un pasteur selon le cœur de Dieu, qui marche sur vos traces, qui imite vos vertus, et qui, comme vous, avance vers l'éternité en multipliant la race des Saints. Amen.

www.ingramcontent.com/pod-product-compliance
Lightning Source LLC
LaVergne TN
LVHW010304230826
846091LV00007BB/2703

* 9 7 8 2 0 1 1 7 7 3 4 9 4 *